지난밤 내가 읽은 문장은 사람이었다

이위발 시집

시인동네 시인선 149　　　　　　　이위발 시집

지난밤 내가 읽은 문장은 사람이었다

시인동네

시인의 말

느낀다는 것은
살아있음의 상징이다.
소설의 첫 문장이며 한 편의 시다.
떨림을 위해 그 찰나를 잡으려고 시선을 집중했다.

이제는 마음으로, 몸으로, 눈으로 쓰며 살고 싶다.

2021년 3월
이위발

차례

시인의 말

제1부

문은 시선이다 · 13
경계 · 14
겨울의 반전 · 15
너의 변명은 참이었다 · 16
익지 않고 사는 법 · 18
가능성 · 19
버틴다는 것은 · 20
소리 없이 기어드는 이방인 · 22
보이는 것이 전부가 아니다 · 23
나는 너를 이해하지 못했다 · 24
낙타와 고삐 · 26
기다린다는 것은 · 27
필론의 돼지 · 28
그대는 아직도 모르고 있다 · 30
치명적인 것은 어둠에 묻혀 있다 · 31
TV를 보면서 · 32

제2부

그 얼굴을 기억하고 있다 · 35

선을 넘어서는 순간 · 36

지하철 2호선 · 37

오필리아 · 38

사라지지 않는 곳에서 · 40

사바세계 · 41

믿음에 대한 또 다른 편견 · 42

꽃의 세상 · 44

미안해, 미안해 · 45

기다리며, 싸우며, 잡는 법 · 46

사나이 눈물 · 48

당나귀가 바라보는 세상 · 49

꽃길 · 50

그저 그렇게 사는 · 52

그림자의 자세 · 53

있음과 없음의 사이 · 54

제3부

한 가지 시선에 대한 오류 · 57

달과 장미 · 58

그녀의 이름은 구름이었다 · 60

슬픔의 길 · 61

당신은 떠났지만 떠난 것이 아니었다 · 62

너를 바라보다 눈을 감는다 · 64

금낭화 · 65

그때 그 시간 · 66

그 길은 안개였다 · 68

그린다는 것은 · 69

그것이 알고 싶다 · 70

그 섬은 기억하고 있다 · 72

모메라는 이름 · 74

우는 나무 · 75

이분법적 충고 · 76

이것이 본질이다 · 78

제4부

경지에 오른 사내 · 81

축산 할배와 워낭 · 82

시간놀이 · 83

풍경 · 84

검정 고무신 · 85

문답 · 86

어쩔 수 없는 선택 · 87

봉선화 · 88

상사화 · 89

고백 · 90

제망매가 · 92

걸어가는 길 · 93

과대포장 · 94

빅뱅 · 95

천일화 · 96

해설 사람이라는 시학(詩學) · 97
 주병율(시인)

제1부

문은 시선이다

그는 기차를 타고 있다. 문 너머 퍼즐 조각 같은 자잘한 논과 밭이 보인다. 식칼 같은 햇볕이 문틈으로 깊숙이 찔러 들어온다. 햇볕이 땅을 밟고 있는 시선과 마주친다. 그는 문의 시선을 찾아 두리번거린다. 서로 다른 문이 마주 보고 있는 길이 보인다. 문이 닫히면 문 뒤로 손 흔드는 사람 보이고, 열리면 보이질 않는다. 문이 열리자 회색빛이 너울대는 문 앞에서 울음을 터뜨리는 사람, 웃음을 참는 사람이 허그를 하고 있다. 문이 등을 보일 때는 우는 사람 내보내고, 가슴을 내밀 때 웃는 사람 내보낸다. 그는 문 등에 올라탄 것도 아닌데, 흙을 밟은 것도 아닌데, 그는 한번 열리면 영원히 닫히지 않는 문 앞에 서 있다. 눈에 보이지 않으면 존재하지 않는다는 믿음처럼.

경계

경계 위로 줄타기 하듯
너의 짓궂음에 악의가 깃들어
관계를 허물게 되고
가볍게 신경을 건드리는 너의 행위는
복수심을 유발하거나 관심의 정도를
깊어지게 하고
악의가 있고 없음을 판단하는 건
짓궂음을 받아주는
너의 경계 때문이지만
어린 매화나무 속에
늙은 매화나무가 들어 있다는 말
너 속에도 들어가 있고
내 속에도 들어가 있는
어머니의 주름과 흰 머리칼에도 들어가 있는
밖에서만 찾으려 하는
허깨비 같은 눈빛들

겨울의 반전

 상처는 만질수록 커진다고 누가 말했다. 사물의 맨 끝이 아픔 없이는 말할 수 없는 영역이라고, 번들거리는 요기로 벗은 몸을 할짝거리는 달빛은, 어릴 때 발에 채이던 돼지 불알처럼 팽팽하게 달려오고, 탁구공처럼 이리저리 반복되는 일상에, 머리를 자른다고 슬픈 마음까지 자를 수 없기에, 고요한 쉴 곳을 가지고 싶어, 그곳으로 가지 않으면 세상의 괴로움을 안아야 한다기에, 움직이지 않는 마음이 몸도 따라가지 않듯, 노을을 보며 꿈틀대는 뿌리를 의식하는 것이 필연이라면, 섹스는 잠시 밀려오는 아슬아슬한 허무감이겠지, 싱그러운 마음을 비추는 것이 부드러움에 스며들고, 굵은 눈발이 어깨에 앉을 때마다 꽃잎이 투―욱 하고 떨어지듯, 누리고자 품는 방식이 은유적이라면, 이 망할 놈의 햇빛 곱기도 해라!

너의 변명은 참이었다

1

혼자 있으면 별로 심각해지지 않는 너는

혼자 있을 때도 심각해지는 것은 누군가의 시선을 의식하고 있었기 때문이라고 했었지

바지 앞지퍼를 열고 다니는 그 틈 사이로 황혼이 우습게 스며들기도 했지만

아이의 얼굴을 하고 자는 모습에 오줌이 마려워 엉덩이를 실룩거리기도 했었지

2

너는 그들의 얼굴을 구기고 싶다고 했었지

옅은 어지럼증이 연기처럼 흩어지듯 참이 동그라미로 만져지듯 추상의 벽돌을 쌓았었지

그것이 비누든, 두부든, 감격하기조차 불편한 사회의 무지한 얼굴들을 바라보며

대중이 정해놓은 표준치의 모범이 참이 아니라고 우겼었지

3

유지해야 하는 긴장의 무게 그 무게를 누가 가늠할 수 있을지 너는
　방 안에 누워 숨을 쉬고 있는 것처럼 쉽게 알 수 있다고 했었지
　눈빛들이 달려오듯 정지선에서 임의적인 파란 불로 명제가 달려온다고 했었지
　칼은 피를 먹고 자라 베인 손가락을 간질이고 있었는데도 온다고 했었지

　4
　목마른 물고기는 몸속 바다가 사는 곳에 살게 해달라고 애걸한다고 했었지
　방 안에서 휴지나 쥐어뜯고 있어야 하는 자학이 기다림으로 변질되는 것처럼
　끈질긴 생명력의 풀잎 같은 수염을 매일 아침 풀 뜯듯이 뽑기도 했었지
　그날 전화기 불빛만 어둠 속에서 심해 물고기 눈처럼 파랗게 빛나고 있었지

익지 않고 사는 법

새벽 2시에서 3시, 이것도 할 수 없고, 저것도 할 수 없어, 누군가에게는 너무 이른 시간이고, 누군가에게는 너무 늦은 시간이라는 걸 알아, 방엔 선사시대 동굴 벽화 같은 벽지가 곰팡이로 가득 피어 있고, 문살이 부러진 자리엔 숫자가 뒤죽박죽된 달력이 붙어 있어, 천장에서 물방울 하나가 툭 떨어지자 담배가 사그라지듯 그림자가 힘없이 주저앉는 거야,

기울고 있는 반대쪽에 힘을 실어야 하는데도 몸과 마음이 기우는 쪽을 몰라, 그 끌림이 사랑일 때도 있었지만, 증오나 분노일 때도 있었어, 몸이 균형을 잃었을 때, 기울었어, 내 몸이 그림자가 두려워 버리고 달아난 너의 어리석음을 비웃었어,

소낙비가 쏟아지려는지 한두 방울 지붕을 때렸어, 누가 그랬어, 하늘에서 내리는 것을 물이라 하지 않고 비라고 하는 이유를, 산 위의 빛깔이나 물속의 맛을 느끼는 여운 때문이라고, 차가워지는 것과 따뜻해지는 것은 조금씩 나가는 것과 물러나는 것이라고, 너무 익으면 변화가 없기 때문이라면서,

가능성

밧줄
같은 그림자가 목을 휘감고
찔끔거리는 오줌 줄기 속
성욕은 단단한 콘크리트에 매몰되어
성숙한 척해도 벗겨보면 어린애 같은데
박테리아에서 짚신벌레로
짚신벌레가 개구리로
개구리가 뱀이 되어
내게 알지 못하는
수화만 보내고 있는데
단절의 두려움에 떨던 녹음기처럼
어제 저 너머에서 죽은 내가
내일은 여기에 살아있을 것
같은

버틴다는 것은

갑작스럽게 나타나는 먹구름 속에서
새파랗게 날 선 눈빛으로
납부한 고지서 다시 날아온 것처럼
불쾌한 얼굴로 쳐다보며
씹으면 터지는 미더덕의 희생이 있었다는
휘황한 이불 섶 터지는 소리에
팔뚝 언저리엔 소름이 돋고
손가락 끝이 은색 메스가 되어
가슴을 절개하듯 쓰다듬을 때
장님이 소중하게 점자 편지 만지듯
암세포가 폐의 표면을 부드럽게 잠식해
잔혹한 상실로 다가오는 비참한 기분일 때
텔레비전 세상은 반복적으로 같은 소리만 지르고
사랑이 없는 인간은 치유될 수 없듯
흉포해지지 않으면 버틸 수 없듯
오른쪽 귀만으론 세상 소리 듣지 못하고
듣기 싫을 때 듣는 것처럼
버틴다는 것은

두 발로 땅을 밟는 것이 아니라
서 있어야 된다는 것을

소리 없이 기어드는 이방인

어둠 속에 몸을 숨기고 있던 나방들이
일제히 빛을 향해 달려들 때
어둠이 말을 건다
요람 앞에는 숲이 있고 요람 뒤에는 사막이 남는다고

사람들은 자기 안에 또 다른 자기가 있다고 믿지만

아는 사람일 수도 있다
이방인과 동거하고 있는 것처럼
시간과 거리를 만지작거리듯

열매 열리면 꽃 지고
달 기울면 흔적 없이 사라지듯

보이는 것이 전부가 아니다

강함이 강하다는 것은 강하지 않음이 존재하므로
꼿꼿했던 고개가 꺾이는 강아지풀도 새벽이면 흰 서릿발에 젖겠지

있음과 없음이 서로를 낳아주듯, 어려움과 쉬움은 이루어주고,
높음과 낮음은 채워주고, 앞과 뒤는 따르게 해주겠지

소리가 있으면 소리가 없고, 소리가 없으면 풍경이 들리고,
창살에 비치는 달빛은 그림자가 드리워져야만 볼 수 있겠지

나는 너를 이해하지 못했다

너의 진실은 불편했지만 거짓말은 나를 흥분시켰다.
우리 사랑이 강 앞에 있다고 하는데 너는 뒤에 있다고 했다.
가슴속에 있었다고 하다가, 없다가도 했다.
화면조정시간, 화면이 반복적으로 나타나 앞뒤 구분이 없는 것처럼
아이들이 집 그림을 그리면 지붕부터 그린다는 것을 알고 있듯이
생각 없이 빨아대던 사탕처럼 나는 이리저리 빨리던 사탕이었다.
너는 질문이 많았다. 그래서 숨길 게 많았다.
그래서 너의 위로는 진정한 애중이 아니었다.
음습한 곳의 곰팡이처럼 건조하게 살았으면 생기지도 않았을 것을
물 스며들듯 살을 섞었으니 너의 품도 따뜻할 수 있었겠지
우리가 맺은 관계의 넓이가 누릴 수 있는 낭만만큼의 크기가 아니었다는 것을
너는 세상에 맞추는 현명한 사람이었고, 세상을 너에게 맞추는 어리석은 사람이었지

우직한 어리석음은 지혜와 현란함의 바탕이 되었겠지만

너의 편안함은 흐르지 않는 강물이었고, 너의 불편함 또한 흐르는 강물이었다.

수많은 소리와 풍경을 담고 있는 추억의 강이라도 되는 것처럼

어딘가에 잠들지 못하는 물이라는 것을 너는 알고 있었다.

산다는 것은 살려는 것의 명제라는 것을, 나는 너의 중간쯤에 서 있다고 말했다.

그 지점은 수많은 사람을 만날 수 있었기 때문이며

그 풍요에 나는 너를 가두어 버렸다. 바로 앞에서.

낙타와 고삐

 사내가 낙타를 타고 있다. 낙타 궁둥이엔 파리가 집을 짓고 있다. 낙타의 질기고 질긴 생존이다. 낙타가 땅속으로 하관하면 궁둥이엔 구더기만 득시글거리겠지. 파리들이 모여 낙타의 길을 막겠다고 앵앵거리는 것은 쓸모없는 짓일 수도 있지. 가끔 꼬리를 휘젓는 일은 있을 수 있겠지만, 파리 때문에 길을 헤매는 법은 없다. 낙타는 어제도 제 길을 걸으며 갔다.

 사막에서 사내가 주고 간 낙타의 고삐를 얼결에 받아 쥐었다. 몇 년 전에는 있었으나 지금은 사라진 것에 대해, 삼백육십오일 꼼짝도 하지 못한 채 그곳에서 서성거리고 있는 사내, 몇 년 전에는 없었으나 지금은 존재하는 것에 대해, 지나온 시간을 단순 요약했다. 이제 사막을 통과할 때가 되었다. 그때 불쑥 나타난 낙타 주인이 고삐를 돌려달라고 애걸복걸하고 있다.

기다린다는 것은

 사내는 그녀에 대해 모를 때 편안함을 느꼈다. 그녀의 불안함이 자신의 심장 모서리를 기어 다니는 것 같아 떨렸다. 끊어버렸는지도 모른 채 돌아오는 단절처럼, 그녀의 기억에 오래 남고 싶지 않았다. 그것은 오로지 그녀를 위해서였다. 아니다. 오래도록 회자되고 싶었다. 누구도 주지 않는 상처를 스스로 만들어 가지는 건 어리석은 짓이라는 것을, 시멘트벽처럼 두터워지는 회색빛 시간이었다는 것을, 지상에서 하늘로 향해 증발할 것만 같다는 것을, 창문이 노을을 되쓰고 있었다.

 까마득한 몰락의 벼랑에선 붉음이 최후였다. 사내가 죄라는 자양분을 먹고 사는 유기체라는 것을 그녀는 믿기 싫었다. 그녀는 사내를 떠밀지 않았다. 구경꾼도 없는데 늘 혼자 하는 마스터베이션처럼, 그녀가 황금을 선호하는 것은 종족보존의 본능에서 유래되었다는 것을 사내도 알고 있었다. 그녀가 내세우는 기득권에 대해 기권을 한 것도 일종의 선택이었다. 밖은 태풍이 그악스럽게 불어대고 있었다. 그런데도 사내는 그녀를 기다렸다. 기다림이 그녀에게 부과된 형벌이란 것을 사내는 알지 못했다.

필론의 돼지*

필론의 돼지처럼
잠자고 있는 것을 흉내 내고 있는데
벌 한 마리 방 안에 들어와
머리 처박다 떨어졌다 다시 처박는데
열려 있는 문 보지 못하고 창호지만 두드리다
어느 사이 빠져나갔는지 모른다
의식이란 스스로 발라놓은 창호지 같아
진실은 사람마다 다를 수 있고
다른 사람의 진실이
나의 진실이 아닐 수도 있는데
하늘 높아 보일 때 사람들이 외로워 보여
높은 것을 싫어하듯
내일을 말하지 않는 사람 곁에서
석 달을 넘기지 못하고 떠나듯
돼지는 뒷걸음질 치며 악을 쓰고 있다
용서할 거리가 없다고 우기는 사람에게
용서하는 것이 얼마나 힘든지를

* 현자(賢者)로 알려진 필론이라는 사람이 배를 타고 여행하는 도중에 폭풍우를 만났는데 배 안에 타고 있던 사람들은 탈출을 위해 애를 쓰지만, 아무것도 할 수 없는 필론과 배에 실린 돼지는 코를 골며 자고 있었다.

그대는 아직도 모르고 있다

그대가 알고 있듯이,
어떤 소리를 들으면 어떤 색깔이 펼쳐지듯이,
가까운 곳에 있는 것이 새로운 것이 되듯이,
내가 만드는 세상과 이미 만들어진 세상이 다르다는 것을
그대는 알고 있다

숲의 나무를,
땅의 하늘을,
그대의 공간에서 생의 흐느낌이 비껴가지 않듯이,
동굴이 아닌 터널이 그대의 생이라도,
푸른색과 같은 푸른빛은 푸르지 않고는 나올 수 없듯이,
가는지 서 있는지도 모르고
아침이 오듯이

치명적인 것은 어둠에 묻혀 있다

너의 등에 차고 있던 비수 같은 그림자는
찾아 볼 순 없지만
발정 난 고양이처럼
발톱을 보면 안다
눈빛을 보면 안다
얼마나 그 칼을 빼고 싶은지
그 절절함을
마주 보고 있는 네 눈빛마저
동조하듯 흔들리는데
어둠을 등에 업고 소리 없이 기어든 이방인처럼
말라버린 털로 위장한 채
돌 틈에 숨어 있는 삵 한 마리
발톱을 보면 안다
눈빛을 보면 안다
바다가 푸른빛을 잃은 적이 없듯이

TV를 보면서

 썰어놓은 낙지 다리가 제각각 놀고 있고, 뒤끝이 오르가즘 뒤처럼 개운했고, 볼트 같은 시선이 내 눈을 파고들어, 이내 플러그가 쑥 빠지듯이 사라졌다. 포복하듯 시간은 축 늘어진 뒤, 뒷간 쥐한테 똥구멍을 물렸을 때 억울한 기억이 새득새득 튀어 나오고, 주위를 짬짬이 둘러본 뒤, 말라버린 가슬가슬한 아랫입술을 감쳐물고 있다. 익숙해서 조금씩 부패하는 정다움이 서먹함을 띤 채 제자리에 박혀 있고, 서편엔 키대로 포개진 산이 녹으면서 빠지고 있고, 그 사이로 식아버린 검불이 낙숫물 고랑으로 흘러내려 검붉게 빛나고 있을 때, 만화 주인공들이 지구를 잘 지키고 있는지 살펴보고 있다.

제2부

그 얼굴을 기억하고 있다

 태어나서 누군가에게 이긴 적이 없는 얼굴, 상대에게 의존하면 반드시 불행을 부른다는 직감을 믿는다. 우주가 이끈다는 자신감, 슬픈 꿈처럼 비가 내리고, 양파 같은 너의 맨발이 감자처럼 노란 발가락 사이를 열고, 반디의 무수한 불빛들이 이교도 무리처럼 은밀하게 명멸하고, 미확인된 비밀을 봐버린 것만 같이, 뒤집힌 배처럼 흰 속을 드러내는 잎사귀들, 장마 뒤의 비릿한 냄새가 마당에 가득하고, 한낮의 연약한 그늘 속에서 누구를 기다리거나, 요람 속의 아기거나, 거듭 내 나는 보잘 것 없는 풀꽃들이거나, 그 현기증은 서늘하고 어두운데, 그 얼굴은 햇살을 받아 허공에서 설탕 녹아내리듯 가슴이 미끄러졌다. 상추로 싼 밥을 밀어 넣을 때 막막한 표정처럼, 함부로 뭉친 머리카락이 푹 젖고, 문 없는 뫼비우스의 띠 같은 울타리, 달빛 아래 마주한 하얀 빨래에서 느끼는 전율, 밖을 나서기 전 내 몫이라고 손에 쥐어주는 한 움큼의 한숨, 그걸 한나절 시간 위에 올려놓고 데굴데굴 굴리면서 기다렸다. 그 얼굴은 어둠을 빨아들여 언덕을 굴러다니는 눈뭉치로 부풀어, 달팽이가 되어 껍질 속에서 잠만 자고 있는 그 얼굴을 지우고 싶다.

선을 넘어서는 순간

아침에 빛들은 앞산에 내려앉았다. 매듭을 이은 산은 눈동자 속의 선으로 보이고, 산을 넘어가는 구름은 선이 아니라는 것을 고목은 알지 못했다.

시야의 정점에서 허상으로 펼쳐진 산과 선, 그 너머에는 꼬리를 달고 또 다른 산이 지나가고, 그 사이가 비어 있어 산은 선이 아니었다.

어둠이 햇살을 농락할 때, 보이지 않는 풀벌레 소리만 들리고, 어둠을 파고드는 고라니 소리 사이로 바람이 산을 넘고, 이슬과 시간이 섞이는 순간 바람의 선은 보이지 않았다.

지하철 2호선

　어디서 본 듯하면서도 낯설기도 한 정직한 눈빛, 헐떡이듯 목이 마른 눈빛, 깊은 슬픔에 젖어 초점이 흐린 눈빛, 시린 벌판을 홀로 걸어온 나그네의 눈빛, 적의와 두려움에 가득 찬 어린 짐승의 눈빛, 운명을 조준한 저격수의 고독한 눈빛, 외로움에 손을 내밀기를 기다리는 농익은 눈빛, 달려가 거친 사랑을 갈급하듯 외로움이 응축된 눈빛, 늘 자유를 동경하듯 배고픈 눈빛, 아픈 비밀을 가슴에 간직한 여인의 눈빛, 그 눈빛을 따라 들어간 눈 속의 눈빛, 그리고…… 무표정한 얼굴에 박힌 저 눈빛은,

오필리아*

푸른색이 오로라처럼 엉겨 있고
고개 숙여 밑을 보니 푸른 물이 발가락을 물고 있었다

순간, 감이 좋았다

푸른색이 말문을 튼 채 주고받는다
"색정이 뭔지 알아?"
"생사의 마음이잖아"

파란 불빛이 터지기 시작하자
숨어 살던 이끼들이
꽃을 향해 달려들고 있었다

맞닿은 다리 위엔 푸른 경계의 흔적만이
참과 거짓을 구분하듯

저 너머엔 선도 아닌 것이
저 너머엔 길도 아닌 것이

의문의 꼬리를 물고 달려들고 있었다

여우의 눈빛을 닮은 푸른 그림자가
유성처럼 떨어지자 등 위에 타고 있던
아라한이 말문을 틀려고 하는

순간, 푸름은 바다 위로 떠올랐다

---

* 오필리아: 셰익스피어 『햄릿』에 등장하는 비련의 여주인공 그림.

사라지지 않는 곳에서

입을 오물거릴 때 그녀의 바람이 가랑이 틈으로 지나가고
시곗바늘은 바글바글 기어 다니고
두꺼비가 뱀을 삼켜 시간을 소화시키는 동안
발가락에선 개미가 기어 나오듯 간지러울 때

재떨이의 바스러진 꽁초는 화장한 그녀의 뼛조각처럼
감정이 농익었을 때 툭 건드리기만 해도 과육 같은 눈물이 떨어질 것 같아
그녀와 함께 걸었던 차일 같은 파란 하늘에서
꽃씨 하나 떨어져 꽃망울이 터질 것 같은 배꼽 위에서
사랑하는 방식이 사람마다 다르지 않다는 것을

풀밭인 양 뛰노는 소금쟁이의 사랑이 버거워
점 하나에 지나지 않는 그녀의 얼굴을 놓고 첫 섹스가 과하다고
사시사철 파도를 넉넉하게 모아 다스리다 풀어주는
그곳에 시간이 뛰어들면 모든 것이 물처럼 잡히지 않고
영원히 미끄러지기만 있는데

사바세계

 너는 손가락 쥐고 태어나 손가락 펴고 죽듯이, 까무룩 잦아드는 놀을 바라보는, 네 얼굴은 발가벗은 목어 같았다. 네 발밑에 땅이 움직이고 있었다. 뱀을 밟았는지 흙을 밟았는지 알 수 없었다. 나뭇가지들이 후벼 파듯이 불쑥불쑥 나타나고, 억센 들풀은 다리를 친친 감아 당기고, 날개 달린 곤충들은 응답 없이 날아와 깨물었다.

 어느 날 너는 국물에 빠진 머리카락이 누구 것이냐고 물었다. 네 것이라고, 내 것은 모두 네 것이라 하지 않았느냐고 따지듯이 물었다. 하늘을 날고 있는 잠자리가 하늘이 어디냐고, 하늘로 가겠다고 떼쓰는 것과 같았다. 소리로 태어나 소리로 살다 소리 없이 죽는다는 것을, 너는 그 세계를 알지 못했다.

믿음에 대한 또 다른 편견

너는
장마 때 스며들었던
곰팡이를 제압하는 가뭄이
천둥을 사라지게 한다는 것을
믿고 있었다

그 천둥이 햇빛에 의해
소멸된다는 것도

그런 네가
햇빛을 죽이는 꽃그늘이 밤에 의해
지배되고 있다는 것을
알면서 모른 체했다

잠이 찾아오면 아침이
반드시 오게 된다는 것도

그런 네가

지구의 중심이
아침이라고 주장하는 것은
하늘의 주문(呪文) 때문이라는 것을
미처 몰랐다

꽃의 세상

 선술집에서 사내는 천장에 매달린 백열등에 시선을 둔 채, 얼버무리듯 끊고 맺질 못한다. 고뇌를 짜면 빛이 될 수 있고, 그 빛이 하늘을 나는 새일 수도 있는데…… 잠시 고개를 꺾더니 술잔과 마주 보고 있는 『변신』이란 책 위에 손을 얹는다. 지난밤 내가 읽은 문장은 사람이었는데, 나무에 꽃이 피는 것과 같은 것인데, 꽃이 밖에서 오지 못하는 것은 숙명 때문인데……

 순간 빈 잔을 머리 위에 올리더니 '소멸해 간다는 것은 낡아 가는 것'이라고 중얼거린다. 달을 지고 강을 건너는 것이 업보라면, 숲속에 집을 짓고 사는 새들은 나뭇가지 하나만 있으면 되는데, 취한 듯 휘청거리며 일어서던 사내는, '꽃의 세상이 지금이고 꽃의 그림자가 어제라면……' 중얼거리며 선술집을 나선다.

미안해, 미안해

말치레에
똬리를 비집고 나오는 실밥처럼
비실비실 헛웃음만 튕기고
허리를 비트는 웃음 사이로
바람이 들어가고
엉그름진 신발 코는 꽈리 터지듯
소리 내고
옷 속에 감춰진 사연
상처마다 이유가 있겠지
주기와 강도를 축으로
비등점에 도달한 갈등의 그래프처럼
동적인 화면보다
한 장의 스틸 사진에 마음 끌리듯
게으른 식객이 밥상 치워버리고 난 뒤
뒷북만 치듯
눈꺼풀이 없는 고기는 눈을 뜨고
죽는다는 것을
너는 알고도 모른 체한다

기다리며, 싸우며, 잡는 법

문장을 마음에 담고 사는 그는
가슴에 향을 담듯, 그림이 시가 되듯
그 길을 가는 것 진심으로 가는 것
시간이 흐른 후에도 투명해지는 것
손가락이 사냥감을 잡아채기 위해
잠 속에서도 기다리며 눈뜨고 있는 것

삼이 술에서 깨어 술이 잠에 취해 있듯
쌀 포대에서 사람 냄새가 나듯
꽃이 핀 현실에 시가 스며 있듯
낡은 피아노 현이 눈에 묻혀 있듯
그윽한 소리가 차가운 귀를 열듯
서로가 서로를 위해 언어로 싸우는 것

유일한 나침반을 가슴에 품고 있는 그는
바람직한 것은 태어나자마자 죽는 것
그 죽음이 별이 되는 것
별이 떨어지고 수만 년 빛을 쏘는 것

잡히지 않는 허공 속에 은하철도 타고
별 그림자를 잡는 것

사나이 눈물

젓가락을 잡으면 사분의삼박자가 되고 옥수수만 봐도 마이크로 착각하는 사내가 사나이 눈물을 애절하게 내지르며 철문 앞에서 주춤거리고 있다. 사내 뒤로 자신이 다니던 공장 굴뚝이 우뚝 서 있다. 그것이 사내를 더 추레하게 만들고 있다. 투명한 빨대를 사내 목덜미에 꽂은 채 가리지 않고 빨아대던 공장이었다. 아침 약수터 풀숲에 오줌 줄기 선사할 때의 상쾌함은 사라지고 사내의 팔뚝 솜털이 긴장감으로 일어섰었다. 애먼글면 속 끓여온 해고 통지서를 손에 오그려 쥔 채 씨근벌떡거리는 숨소리, 세속이라는 감옥에서 벗어나는 길을 가르쳐주었던 고향의 물두꺼비와 수리부엉이와 하늘다람쥐는 자취를 감추고 가슴을 짓누르는 것은 사나이 눈물이었다. 상처에 소금을 뿌려 마음이 소금밭 되고 생짜로 상처를 문지르는 사내는 철문 앞에서 아직도 허리춤을 올리고 있다.

당나귀가 바라보는 세상

걸어가는 당나귀가 이른 봄 흙을 뚫고 마중 나온 처녀치마 꽃을 지나자, 현란한 몸 색깔로 치장한 채 구슬 꿰듯 이어진 더듬이, 외계인 같은 겹눈, 옴폭옴폭 파인 점으로 멋을 부린 딱지날개를 가진 벌레를 만났다. 그 길을 왜 가느냐고, 벌레가 물었다. 이 길을 택한 것은 사람의 발자국이 없기 때문이라고 했다. 그리곤 계속해서 살을 붙여 나갔다. 사람이 적게 간 길을 택한 것은, 사람이 싫어서가 아니라 그 길 때문에 모든 것이 달라졌다고, 뜀박질하면 나 자신만 보이고, 걷다가 서면 벌레 소리 들리고, 죽은 개구리 곁에 앉으면 작은 우주가 보이고, 당나귀 눈엔 뭐만 보인다고, 숲속엔 잎만 먹는 녀석, 즙만 빨아 먹는 녀석, 썩은 나무만 먹는 녀석, 꽃가루만 핥아 먹는 녀석, 입맛에 맞게 부위 바꿔가며 먹는 녀석, 당나귀가 한마디 던진다, "저렇게 먹는다는 것은 오늘을 볼 줄 아는 것들이고, 내일에 대한 예의라는 것을"

꽃길

솜처럼
말랑말랑한 꽃씨가
오랜 시간
땅속에서 뒤척이며
상처도 받지만
물이 스며든 외피에서
손처럼 생긴
파린 싹이
뻗어 나와 꽃이 된다
꽃이
손에서 빠져나간다
물이 빠지듯
조그만 꽃 한 송이
꽃은 손바닥을 떠나
어디론가
떠나간 길을 알지 못한다
손이 남긴 따스한
느낌마저도

사라져버린 당신의
빈자리

그저 그렇게 사는

 멋모르고 흘러가다 몸 닿는 곳에 뿌리내리고 사는 홍합이나, 떠다닐 수밖에 없는 팔자로 태어나 바쁘게 움직일 수밖에 없는 멸치나, 밀물 따라 들어왔다 빠져나가지 못하고 그물에 든 꼴뚜기나, 아무도 기웃거리지 못하는 밀폐된 집을 소유한 달팽이나, 섹스 뒤에 할 일 찾지 못하는 그놈이나, 그저 그렇게 사는

그림자의 자세

밝은 것은 해에게로 돌려보내고
어둠은 그림자 속으로 돌려보내고
흙비는 티끌로 돌려보내고
밝은 곳으로 돌아가 버리면
밝지 않을 때 어둠을 보지 못하지
밝음과 어둠은 차별이 아니라서
돌아갈 수 있는 곳이
돌아갈 마음과 변함이 없다면
너는 그릇으로 변하겠지
그 밑에 가라앉아 있는 너의 움직임은
고요 속에 피어나는 안개처럼
다가갈 수 있다면 너는 다시
그림자로 스며들겠지

있음과 없음의 사이

열매 떨어지자 꽃이 필 때

낮달은 흔적 없이 사라지고

꽃잎이 고개 흔들며 있음을 알릴 때

구름에 갇힌 낮달은 없음을

확인하기 위해 그 사이에 머문다

제3부

한 가지 시선에 대한 오류

이 세상 모두를 사랑으로만 바라보는 당신을
만나고 싶지 않습니다. 두 번 다시,
사랑으로 세상을 바라보는 것이 나쁘진 않지만
사랑 때문에 다른 것이 죽어도 보지 못하는 당신을
만나고 싶지 않습니다. 두 번 다시,

달과 장미

이 순간 웃고 있는 것은 까닭 없이
울고 있는 사람의 눈물 때문이라는 걸 알아.
걱정하지 마, 오늘 걱정은 오늘이 할 거야.
어제 고생은 어제로 충분하고, 이 몸은 목판에 놓인 엿가락이야.
가위로 자르든 엿치기를 하든 엿장수 마음대로
추우면 추운 대로 더우면 더운 대로
꽃은 떨어지지만 지지 않잖아.

내 발밑에 눈을 생각하면서 달을 보았어.
달이 껍질 벗은 복숭아로 보이는 거야, 고스란히 발가벗겨진 느낌
유통기한 지난 양념 통처럼 기분 나쁘게 끈끈했어.
내 몸이 달빛을 끌어 모아 밖으로 토하고 있었어.
내 육감은 빗나간 적이 없었어.
쓰레기봉투에서 풍기는 복잡한 음모의 냄새처럼

식탁에 앉아 맛도 없는 음식을 씹어 넘겼어.

여백의 원고지를 씹는 기분이었어.
하늘을 보았어, 달이 떠 있긴 했어.
말리고 싶은 달을 보며 커튼으로 마음을 닫았어.
밖으로 슬픔이 터져 나오는 거야.
축축한 습기를 혀로 핥아주고 싶었어.
파란 장미가 떠올랐어, 기억에서 사라진 상처 앞에
고개 숙이고 싶었어, 이유도 없이

그녀의 이름은 구름이었다

 오줌 빛깔 햇살이 거미줄처럼 걸쳐져 있는 날, 뼛속 깊숙이 향나무 냄새를 품고 다니던 그녀를 만났다. 방사하는 유부녀 눈자위 같이, 어설퍼 보였다. 친했던 것에 대한 낯설어지는 경험이었다. 한번 간 모든 것은 다시 돌아오지 않지만, 절대적인 이 순간을 살아내기 위해 돌아왔다고, 구름이 하늘의 물이고 물이 땅의 구름이듯, 머무름 없이, 흘러가며, 떠돌았다고, 길을 가다 더 이상 걸을 수 없으면, 돌아서서 다른 길을 찾듯, 뱀의 허물에 그려진 어지러운 연속무늬가 그녀의 살갗에 스멀거렸다. 스스로 꽂힌 자는 자신이 꽂힌 줄 모르고, 꽃의 향기마저 맡을 수 없다는 것을, 종이 위의 강을 걷는 것처럼, 비누거품 위를 미끄러져 가는 물방울이 되어, 덧없이 흘러 다닐 수밖에 없었다는, 그녀는,

슬픔의 길

지금 어디로 가고 있는가, 하루살이는, 황혼이 물드는 서쪽으로, 어둠에 갇혀 있는 치명적인 함정의 구멍을 돌고 돌아, 노을로, 사정없이 파고드는 깔따구처럼, 보이진 않지만, 이른 봄 출몰하여 연못으로 낙하하여,

그 먼 길
어딘가로, 허기를 채우기 위해
떠나는

당신은 떠났지만 떠난 것이 아니었다

1

석류의 붉은 주둥이에서 염염한 빛이 튀어나오는 밤이었다. 뜬눈으로 개꿈을 꾸고 있었다. 목소리는 오갈이 든 것처럼 뒤틀려 있었다. 너에게 가기 위해 다시 너를 떠난다는 통보를 받았다. 초식동물의 눈은 맑고 순해서 슬퍼 보여 숲이 있는 곳으로 간다고 했다. 서리 내릴 때를 알고 배추같이 입을 다물 줄 알았다면 그렇게 떠나진 않았을 것이다.

2

항아리에 먹물이 들어차 있었다. 먹물 한가운데를 비집고 손톱만 한 반달이 돋아나 지붕 위에 비스듬히 걸려 있었다. 식은 국밥을 혼자 먹을 때처럼 차가움이 묻어났다. 모든 그리움의 상처를 달이 품고 있는 것만 같았다. 상처로 변한 그리움만큼 연못에 남아 떠오르지 못하고 숨죽이고 있었던 것을 몰랐었다.

3.

등을 돌리지 말라고 했다. 등은 거부의 의미가 아니라고 했다. 등에 업히는 것은 뒤로 안는 것이라고 했다. 자루가 되어주기 위해 쇠는 나무를 해칠 수 없듯, 지는 놀 보며 해가 뜨는 것처럼 고백했었다. 그때 느낌은 지나치게 강렬했었다는 것을 몸으로 받아들였었다. 그것이, 쉽게 휘발되어 버릴 줄은 몰랐었다.

4

옷을 벗어 나체가 된다는 것은 드러낸다는 것, 숨길 수 없다는 것, 옷 속에 감춰진 원형을 밝혀주듯, 죽어서 사자의 비밀을 폭로하는 것과 같았다. 고라니에게도, 부엉이에게도, 들개에게도 과거는 없다. 영원히 현실만 있다는 것을, 꿈꾸고 있었다. 그것만이 그럴듯한 복수였다. 당신이 즐기던 퍼즐게임만 아니었다면 그렇게 떠나진 않았을 것이다.

너를 바라보다 눈을 감는다

너는 여기에 나를 남겨둘 수밖에 없다고 한다
어둠에도 정조준 할 줄 알기 때문이라고 한다
네가 늘 그랬던 것처럼
움직임을 순간에 포착해 공격하기 때문이라고 한다
사물을 가벼운 마음으로 바라보지 말고 눈을 감고 보라고 한다
발정 걸린 똥개의 이빨을 보면 다 안다고 한다
나를 쳐다보지 마라고 한다
눈동자를 보면 속살이 보인다고 한다
얼마나 절절한지 아는 것처럼
바라보고 있는 눈빛이 흔들리듯 동조하듯 한다고 한다
음모를 감추고 꽃바람으로 온다고 한다
자기 안에 또 다른 자기를 발견한 것처럼
믿음 속에서 이방인을 키우고 있다는 것도 안다고 한다
그러니까 나를 자꾸 쳐다보지 말라고 한다
안에서 찾아내는 것은 불확실하기 때문에 밖을 보라고 한다
너를 찾는 나를 남겨둘 수밖에 없는 것이 그 이유라고

금낭화

당신에게 가기 위해선 당신 문으로 들어가야 합니다.
하지만 당신은 알지 못합니다.
내가 죽어야 문이 열린다는 것을
땅에서 바람으로 하늘에서 구름으로 만들어져 온 것
그 속에 당신의 무늬가 있다는 것을 압니다.
당신에게서 연분홍 감정이 피어 나오는 것은
깊은 향기를 내는 제 뿌리입니다.
 땅의 울림에서 깊숙이 박혀 있는 뿌리, 그것은 씨앗의 뿌리
입니다.
당신의 목소리는 깨달음의 울림이고, 그 울림은 맑습니다.
그 맑음은 향기입니다.
차를 서너 사람이 마시면 그저 맛을 보는 정도이고,
둘이 마시면 잘 마시는 것이라 했습니다.
마음이란 이렇듯 마주 보고, 앉으면 따뜻해지고,
넉넉해지고, 미소가 번집니다.
줄기에 달린 등을 뿌리가 보듬어 안고 있는 한
당신 같은 멋진 문장은 태어나지 못할 것입니다.

그때 그 시간

당신이 직선이라고
여기는 것이
곡선의 일부라면
시선 때문에
우기는 것은 아닌가
잠시 나는 링에서
싸움을 그만두고
내기 앉았던 자리로
돌아가고 싶네
의자에 앉아 입 안에
고인 피도 뱉고
물도 마시고 싶네
위에선 하늘이 소용돌이치고
그 너머엔 커다랗게
입을 벌리고 있는
공허를 보고 있네
문 밖엔 산수유 꽃망울이
오들오들 터지듯

몸 비트는 소리 여린 듯
질기고 약하지만
진한 사람 냄새가
타는 시간이네

그 길은 안개였다

입을 최대한 벌렸다
안개의 기운을 몸속으로 끌어넣었다
안개는 말없이 흘러 들어왔다
잇닿아 흐르면서 지난 시간과 헤어지면서 다가왔다
새로운 시간을 맞아들이는 연습이었다
질곡에 닿아 있어도 새로움이 날개 치는
땅의 깊이는 들여다보지 못했다
사람이 사람에게로 가듯
안개도 지나가는 것과 다가오는 것이 다르지 않았다
그 길은 앞으로만 나 있어서 지나온 것을 쉽게 잊겠지만
안개는 늘 그 길을 더듬어 갔었고
가는 동안 그 길은 자신의 것이었다
그 길을 지나고 나면
가물거려 지나온 길을 잊어 버렸다

그린다는 것은

쪽색 비단에 염소를 그려놓고,
사슴뿔에 하얀 구름 그려놓고,
운무 위에 원숭이를 그리다가,
멈추었다.

붉은 꽃들이
구멍 속으로,
달빛 속으로,
치마 속으로,
들어가는 것을
오죽(烏竹)은 지켜보고 있었다.

하늘은 얼어붙고,
구름은 비늘 같고,
호기심 그득한
눈동자만이 물잔 속
촛불같이 찰랑대고 있었다.

그것이 알고 싶다

아침에 눈뜰 때마다 누군가 금을 긋는 것 같다
머리를 감지 않았을 때 두피의 근질거림 때문에
머리를 감다 손에 뭉쳐지면 사납게 뜯어서 변기에 처박는다
앞뒤 없는 장면이 내 인생에 끼어드는 것을 참지 못하고
골목에 웅크리고 있는 퉁퉁한 비닐봉지가 내가 아닌가 착각이 들 때
짓밟힌 빵 모양의 구두를 하수구에 처박는다
만날 때는 히슬히게 비켜가고 잔상을 통해 마음속에 가인하듯
그 시간의 흔적을 고개 디밀며 눈을 굴리고
황량하고 거친 성대의 근육질이 엑스레이 음화같이
얼핏 머릿속에 떠올랐다 사라진다
벌레 먹은 이빨처럼 계단의 녹슨 난간은 그네처럼 휘청거리는데
벽이라는 벽은 스쳐간 가구들이 남겨놓은 고달픈 삶의
벽화들로 심란하고 어지럽다
빈집에 버려져 영양실조에 걸린 고양이의 파란색 눈을 닮아
파충류로 보일지 모른다는 두려움에

실존의 자화상으로 남을 것인지에 대해
그것이 알고 싶다

그 섬은 기억하고 있다

붉은 손가락을 가진 너는
매년 찾아오는 감기에 걸리듯
사나흘 찾아왔다 사라지는
그런 사랑은 아니었지만

기타 줄에 걸린 점 하나에
온몸을 던지는 너에게
섬은 참회와 반성의 눈물을
흘리는 유배지겠지

헤어진 것은 헤어진 것이 아니고
버렸으나 버린 것이 아니라면
섬섬한 인연을
머리에서 지울 순 있어도
외로움은 견딜 수 없다는 것을

그 섬의 겨울은 내 겨울보다
차라리 황홀했음을

추위에 떠는 초라한 가지의 나무지만
봄이 되면 푸른 잎과
다시 손잡고 오겠지

모메라는 이름

 성은 꽃씨고 태생은 길이다, 행운이란 상징을 가진 삼색 고양이, 보이지 않는 곳에 눈빛이 꽂혀 있다. 조그만 빈틈도 없이 납작 엎드려 있다. 배롱나무 가지에 앉아 있던 참새를 떠올린다, 발이 뻣뻣해진다. 깃털만 물고 있던 지난 순간을 지우고 싶다. 다시 한 번 날카롭던 발톱을 세워본다. 빛이 들어오는 동공을 벌린 채, 잠겨 있던 아기 울음소리도 내어본다. 얼마나 절절한지를, 아랫도리가 흔들린다. 중성화 된 욕망과 이성의 배꼽이 떨고 있다. 냄새를 맡고 꼬리를 세운 채 흔들고 있는, 모메의 눈동자는 집사를 닮았다.

우는 나무

마당 뒤편에 우는 나무 한 그루 있다
그림자를 품은 채 울고 있다
울음이 끝난 뒤에도 계속되고
울음이 눈앞에서 어른거릴 때 현실은 시작된다
과거에도, 지금도, 앞으로도 그렇겠지만
나무를 흔들어 주면 우는 나무 등걸에선
안개가 눈꽃으로 피어나기도 한다

이분법적 충고

'충고하지 마라!'

퇴계 선생의 족자가 걸려 있는
〈석잔 집〉에서 술에 취해
문단 선배가 한마디 던진다

"어이 이시인!
사람 믿지 말고, 상황만 믿고 기레이!
현실은 축구공 아이가!"

선배는
젓가락으로 멸치 똥을 빼면서
짧고 굵게
복기하듯 말한다

"삶이 뒤통수에서도 올 수 있다는 거 명심하고!"

술잔이 흔들리며

두꺼비가 비웃듯

시멘트 바닥으로 스며들 때

번쩍 종이 울린다

"신이 한쪽 문 닫으면

다른 쪽 문이 열린다는 거 알고 있제!"

이것이 본질이다

당신의 주머니 속 송곳이 모든 것에 대해 적대적이 아니듯
존재하지 않는 절대처럼 흑과 백이 색이 아니듯
진리는 없고 진리들만
넘쳐나는 것이
본질이다

제4부

경지에 오른 사내

 행색만 봐도 거지상이고 뭔가 부족하지만 눈빛만은 살아있는 사내는 대낮인데도 동네 어귀 정자에 터를 잡고 병나발을 분다. 찢어진 비닐봉투 사이로 누런 손을 넣어 시뻘건 김치를 꺼내 한입 물더니 세상천지 이런 행복이 어디 있냐는 듯 얼굴은 보름달이다. 그 사내에게 손에 들고 있던 새우깡을 내밀며 "안주라도 하실라우" 권했더니, 사내는 들은 둥 마는 둥 길가에 널브러져 있는 똥개한테로 시선을 주더니 나 들으라는 듯 한소리 한다. "개 불알이 저렇게 축 늘어져 있어도 절대로 떨어지지 않지, 아마 지 죽을 때까지 가지고 가겠지, 사는 게 다 그런 것이지, 이렇게 개 불알 놀듯 건들건들 그러다 보면 세월 가는 거지."

축산 할배와 워낭

 올봄 고추밭을 갈아야 할 축산 할배가 소천하였네, 밭을 갈아야 먹을 것이 생기는 워낭에겐 청천벽력이네, 밭에 씨 뿌려주고 수확해서 여물 먹여줄 할배가 죽었으니 밭을 떠날 수도 없는 노릇이네, 축산 할배 곁을 떠나지 못하고 피골이 상접해 있는 워낭은, 먹을 것 챙기기 위해 개미도 이리저리 다니고, 제비도 덩달아 낮게 더 낮게 날고 있는데, 채찍에 길들여진 워낭은 할배 곁에서 떠날 줄 모르네, 그대로 두면 워낭도 따라 죽을 것만 같은데, 잡초는 일어서는 맛이라도 있지만, 몇 빈이나 회초리로 때렸지만 워낭은 일어설 줄 모르네, 소 불알이 축 늘어져 금방이라도 떨어질 것 같은데 안 떨어지네. 밤새 눈이 장독대 위에 쌓이듯이 그리움도 쌓여가고, 사는 게 다 그런 것이긴 한데, 워낭에겐 축산 할배가 자신의 일꾼이었다는 것을 잊어버릴 수 없네,

시간놀이

후평 할매가 콩을 줍고 있다
서리 앉은 밭고랑에
갈고리 같은 허리를 하고 앉아
얼굴처럼 말라비틀어진 콩을
한 알 한 알 주워 담고 있다

한 알은 다단계에 빠져 침을 튀기던 첫째 년을 위해
한 알은 퇴직금으로 주식 하다 망해 길바닥에 나앉게 생긴 둘째 놈을 위해
한 알은 고향을 떠나지 못하고 홀아비로 환갑을 맞은 큰 놈을 위해

시간을 지키듯이
시간을 보듬듯이
시간을 삭이듯이
시간을 죽이듯이

할매는 시간놀이 하듯 콩을 줍고 있다

풍경

앞으로 돌아가신 목성 할배네
기울어 가는 담장 안
늘어진 빨랫줄엔 옷가지 하나 없고
횡대로 앉아 부산떠는 제비들 사이로
빛바랜 카네이션이 연도 별로 집게에 코가 꿰인 채
만장 펄럭이듯 자식들 얼굴이 그네를 타고
시간의 무게에 퇴색되어 가는 카네이션 자막
이비이 은혜 감사합니다

검정 고무신

기차표 고무신을 베개 삼아
누워 있던 겨드랑이에 박혀 있던 숭고한 땀
존재하는 시간과 공간의 허상이
빛바랜 몸빼바지에 뭉쳐지던 잔상들
불어터진 보리마냥 갈라짐이 뚜렷한 불안과
그물 같은 궤적으로 보리밭을 질러오던 실바람에
갈봄 없이 다가올 주름 파인 보릿고개
하얀 세월을 이랑에 뿌린 증거처럼
산맥의 줄기를 보듬고 있던 갈라터진 손
들쭉 향에 지장보살처럼 바라보던
틀어진 입에 대한 절절한 애정 그대로
비를 멈추고 빛으로 칸살이 하듯
느슨한 덤이 비껴서 가슴으로 파고들던
검정 고무신

문답

손에 물 한 방울 묻히지 않으시고
마지막 선비로서 자존심 지키시던 석천 할배
장맛비 그치자 장죽을 뒤에 꽂고
광에 있던 곡괭이 들고서는 따라 나서라 하신다

논둑길 걸으며 한 음절 던지시는데
"너 등에 비치는 햇빛은 네 어미의 가슴인 줄 알아라"
"할배요! 그기 무슨 말씀인지 통 모르겠니더"
"니 머리통 커지면 그때 곰곰이 생각해보거라"

도랑물이 빠지도록 곡괭이로 돌멩이를 치우자
갑자기 튀어 오른 개구리를 보시고는
"이놈도 니 맨치로 답답했던 모양이다"
"할배요 바람이 부니 억수로 시원하지요?"

"이놈아! 잊지 말거라!
나중에 이 바람이 지나가거든 니 에미 손길인 줄 알거라"

어쩔 수 없는 선택

　어매가 잠이 덜 깼는지 툇마루에 앉아 안개를 품고 졸고 있다. 눈꺼풀이 처진 채 잘랑잘랑 비벼대며 춤추는 잎새들 가락에 발가락을 꼼지락거리며, 담장을 경계로 서 있는 앵두나무도 실바람에 흥을 돋운다. 달군 봄볕이 하염없이 쪼일 때 물이 나오지 않는 마당의 수도꼭지는 얼마나 고요한지, 깨알 같은 하루살이 등에 푸른빛을 내는 쇠파리 되어, 밭고랑 사이를 드나드는 작은 움직임에 고개 한번 들지 못하고 무릎걸음으로 기어 다니는 앉은뱅이 의자, 밤나무 숲엔 비에 젖은 소쩍새가 간절한 소리를 지르고, 키 작은 풀꽃 사이를 잠시잠시 나는 곤충들만큼, 조그맣게 다가오는 어매 가슴엔 종기만 한 섬 하나 떠 있다. 안고 가야 되는데 안을 힘은 없고 고기 굽는데 고기는 없고, 어매 몸뚱이 누워 있듯, 없다는 것이 있는 것처럼 보이진 않지만, 다시 태어나 허물 벗을 때는 자식이 보인다고, 그림자만 드리운 채 아무것도 보질 못한 채, 몸은 노을로 다가가고 정신은 반대 방향으로 가고, 굽은 발은 여전히 잠에 붙들려 있는데,

봉선화

그대여
나를 건드리진 마세요
고요 때문에 슬퍼하는 그대여
고통은 야단법석과 같아
고요로 다시 피어나게 할 수는 없어요
허공도 꽃망울을 터뜨리진 못해요
싹트는 꽃씨가 고통 때문이라면
둘이 아닌 이 세상에서
고요가 다시 태어난다 해도
그대여
만날 수 있는 그곳엔
갈 수 없어요

상사화

푸른 잎이 청포 입은 듯
촉촉한 달무리 사이로 얼굴을 묻으면
무성한 줄기로 주위의 시선을 한 몸에 받는다
햇살이 따가워지면 언제 사라졌는지
잎은 땅으로 내려앉는다
잎이 지고 난 뒤 분홍 꽃대는 눈이 부시도록 꽃술을
꼿꼿이 들고 알몸을 드러낸다
땅으로 내려앉은 잎으로 덮어주지 않았다면
아무도 얼굴은 보지 못했을 것이다

아내가 지나가는 말로 한마디 던진다
"꽃은 보면서 지는 잎이 거름 되어줬다는 걸 왜 못 볼까?"
아, 그 잎
하얗게 말라 꽃씨를 온몸으로 보듬어주던
그
따스함

고백

몰래 눈물을 삼켰다
어머니는 아직도 몸속에 결을 품고 있었다
거미가 체중이 지치도록 거미줄을 풀어내듯
그 결을, 가슴에서 뽑아내고 싶었다
병실 틈으로 산란하게 기어드는 한 줄기 빛처럼
어둠의 복도를 따라 빛은 가늘게 뻗어나갔다
결 뭉치는 단단하게 뭉쳐졌다 풀어지면서 가볍고 부드러워지고 있었다
그 결을 만지면서 허물어진 손등의 무수한 점들이 눈물로 희미하게 보였다
꼿꼿하게 누워 있는 어머니의 허리는 병원 옆 철길을 달리는 침목 같았다
오늘을 넘기기 힘들겠다는 간호사의 말이 끝나기 전
어머니의 눈시울이 뜨거워지면서
귓불로 어눌한 목소리가 전율로 흘러들었다
도마뱀이 몸속으로 기어 들어오듯 등골 서늘한 목소리
건너편 침대에 아배 눈을 닮은 곰 인형이
누군가를 하염없이 부르고 있는 것 같았다

결이 녹아내리듯 이승에서 마지막 내뱉은 그 울림은
허공을 하염없이 맴돌고 있었다

제망매가

 먼저 간 자식 머리에 얹고 초록 숲을 보면 가슴이 아려 쳐다보기 싫다 하고, 먼저 간 자식 가슴에 묻은 채 무지개 보며 보이지 않는 반쪽 뿌리 찾겠다 하고, 먼저 간 자식 눈에 넣으며 굴러가는 바퀴만 봐도 같이 굴러가고 싶다 하고, 먼저 간 자식 보내놓고 붉은 그림자 엉겨 있는 발끝에는 불이 타오른다 하고, 얼어붙은 하늘이 맞닿아 있는 그곳엔 구름나무 숲이 되어 있는데, 가지와 잎은 나무 사이로 둥근 테를 두른 채 손을 맞잡고 있는데, 붉은 꽃들의 그림자는 하늘 속으로 하염없이 흘러만 가고 있는데,

걸어가는 길

 안동장날 제사상 차릴 제물 사러 가는 길, 신작로를 따라가던 어매는 아배의 그림자를 밟지 않으려고 멀찌감치 뒤쳐져 걷는데 "퍼뜩 안 오고 뭐하노?" 아배의 지청구를 들었는지 못 들었는지 아무런 반응이 없다. 늘 먼저 앞서 가던 아버지, 잠시, 기다린다. 어매가 "뭔 걸음이 그리 빠르니껴?"

 아배가 폐렴으로 저 세상으로 가던 날, 눈물 한 방울 없이 발인에도 들어오지 않고, 영정 앞에 초점 없이 앉아 계시던 어매, 꽃상여가 장지로 올라갈 때도 뒤쳐져 따라 오시던 어머니, 봉분을 쌓고 아배 옷가지를 태우며 부지깽이를 들었던 손이 힘없이 땅바닥으로 떨어질 때 "느그 아배는 맨날 앞에서 퍼뜩 오라 카디만 저래 먼저 가네."

과대포장

화산자락 병산서원 마당에 붉은 배롱나무 앞에서
팔순이 넘은 남녀가 인증 샷을 찍다가
할매가 배를 잡고 얼굴을 찡그린다.
"나 지금 급한디! 통시가 어디 있능겨?"
할배가 히죽거리며 손가락이 밖을 향하는데
"달팽이 뒷간이라고 있는디, 죽여주는 곳이제!"
할매가 급한데도 할배는 굳이 설명을 붙인다.
"짚과 끄트머리가 멍석 말아놓은 것같이 생겨 달팽이 통시라고 하는디, 사람들이 꺼림칙하게 생각하제. 그게 문이 없어서 그렇탕께! 나가 문 앞에서 서 있을 텡께 걱정하덜 말어야!"
할매는 달팽이 화장실에 들어가고 할배는 밖에서 망을 보는데
"영감! 하늘이 다 뚫렸는디 낮달이 날 쳐다본당께!"
"그려, 구름도 보이제. 신경 끄고 언능 싸랑께!"
"알았는디! 영감! 나가 시방 뀐 소리는 거창한디 나오는 게 쪼깬한데, 영감은 이럴 때 뭐라고 했는디!"
"과대포장!"

빅뱅

목욕탕 다녀온 집사람이 밥 먹다가 심각한 얼굴로 말을 던진다

"나 허벅지에 있는 점 뺄래!"

뜬금없는 말에 숟가락을 놓고 말을 받는다

"누가 그 점보고 뭐라 카드나?"

"그게 아이고, 어떤 할매가 흉점이라고 악연이라 카든데, 당신하고 나 악연이가?"

"뭐라카노, 당신하고 산 게 몇 년인데. 점이라 카는 거는 생각하기 딸렸다 아이가. 우주에서 보면 지구도 창백한 점으로 보인다 카드라. 당신은 지구를 품고 사는 거 아이가."

"알았다! 고마해라! 생각 좀 해보고…… 앞으로 당신 날 무시하지 마래이. 그 순간 고마 지구 뿌사버릴 꺼다."

천일화

눈길 못 받아도 목 꺾지 못했네
피어 있는 그 순간까지
태어난 것 후회하며
마음의 울림이라도 받았으면

마음은 끝없고
억눌려 있던 땅의 기운
소리 질러 씻어내지 못했네

나면서 울어본 적도
정에 끌려본 적도 없이

기운 달을 쳐다보며
눈빛으로만 화답할 수밖에 없는
너는

해설

사람이라는 시학(詩學)

주병율(시인)

1. 사람과 사람

이위발 시집 『지난밤 내가 읽은 문장은 사람이었다』를 읽고 우선 사람이 사람으로서 비로소 사람을 이해하고 사람이 된다는 것은 무엇일까를 생각한다. 사람과 인간이란 말은 같은 뜻을 내포하고 있음에도 인간이란 말에는 '사이'와 '틈'이란 냉기가 먼저 느껴지고 사람이란 말 속에는 '체온'과 '따뜻함'이란 온기가 느껴진다. 그렇다면 이 시집에서 이위발 시인이 말하고자 하는 '사람'은 무엇일까.

그는 '시인의 말'에서 "느낀다는 것은 살아있음의 상징이다"라고 밝혔다. 그가 '느낀다'라고 하는 말에는 사람에게서 전해지는 온기라는 의미와 반추라는 의미가 함께 내포되어 있음을 알 수 있다. '살아있음'이란 말 역시 사람이 사람을 따뜻한 시선으로 마주 보고 있을 때 차오르는 충만 같은 것, 일테면 관용의 다른 표현이 살아있음의 상징이다. 우리가 세상을 바라보고 인식한다는 것은 감각이라는 것을 통해서 보거나 듣고 알아지는 것이다. 그렇지만 오감으로 체화되는 세상의 일이란 언제나 주관적이다. 그가 이번 시집에서 줄곧 말하고자 하는 의미가 바로 느낌=마음이라면 그의 마음에는 여유와 안정이 생겼음이 분명하고, '사유하는' 것과 '생각하는' 것이 방점으로 찍혀 있음이 분명하다. 이처럼 그가 과거보다 한층 더 안정된 시선으로 대상을 바라보고 자기화 시킬 수 있는 사유의 기저에는 폭풍과 같은 부침으로 출렁거리던 지난 삶의 배경이 있었기 때문이다.

그는 기차를 타고 있다. 문 너머 퍼즐 조각 같은 자잘한 논과 밭이 보인다. 식칼 같은 햇볕이 문틈으로 깊숙이 찔러 들어온다. 햇볕이 땅을 밟고 있는 시선과 마주친다. 그는 문의 시선을 찾아 두리번거린다. 서로 다른 문이 마주 보고 있는 길이 보인다. 문이 닫히면 문 뒤로 손 흔드는 사람 보이고, 열리면 보이질 않는다. 문이 열리자 회색빛이 너울대는 문 앞에서 울음을 터뜨리는 사람, 웃음을 참는 사람이 허그를 하고 있다. 문이 등을 보일 때는 우는 사람

내보내고, 가슴을 내밀 때 웃는 사람 내보낸다. 그는 문 등에 올라탄 것도 아닌데, 흙을 밟은 것도 아닌데, 그는 한번 열리면 영원히 닫히지 않는 문 앞에 서 있다. 눈에 보이지 않으면 존재하지 않는다는 믿음처럼.

—「문은 시선이다」 전문

"문 등에 올라탄 것도 아닌데, 흙을 밟은 것도 아닌데, 그는 한번 열리면 영원히 닫히지 않는 문 앞에 서 있다." 우리는 모두 시간이라는 기차를 타고 있다. 한번 열리면 영원히 닫히지 않는 문, 그것은 시간이다. 하이데거에 의하면 시간은 '사태' 속에 있다. 그가 말하는 시간은 근대적 시간이고 과학적 시간이다. 그러나 이위발 시인에게 주어진 시간은, 또는 세상을 건너가는 시간은 인간의 과거와 현재와 미래를 관통해 가는 시간이다.

그것은 "새벽 2시에서 3시" 사이의 시간이고 "누군가에게는 너무 이른 시간이고, 누군가에게는 너무 늦은 시간"(「익지 않고 사는 법」)이다. "솜처럼/말랑말랑한 꽃씨가/오랜 시간/땅속에서 뒤척이"고 "어디론가 떠나간 길"(「꽃길」) 위의 시간이다. 이러한 인식은 누구나 갖는 현실적 시간관념이지만 그에게는 일반적으로 속단할 수 없는 시간이라는 유령과 싸워온 힘겹고 버거웠던 시간일 것이다.

그의 시선은 안/밖이라는 경계를 서성거리며 그의 의지와는 달리 자꾸만 유리되어 가는 세상과 맞닥뜨린다. 그리곤 "햇볕이 땅을 밟고 있는 시선과 마주"하는 접점에서 바라보고 있는 안/밖의 실제적 의미와 들고남이라는 문의 관념적 세계를 곰곰이 생각한다. "꽃이/손에서 빠져나간다/물이 빠지듯/조그만 꽃 한 송이/꽃은 손바닥을 떠나/어디론가/떠나간 길을 알지 못한다/손이 남긴 따스한/느낌마저도/사라져버린 당신의/빈자리"(「꽃길」)는 몇 년 전 세상을 떠나신 어머니를 그리워하며 쓴 사모곡 같은 시다. 이 시를 읽고 있으면 그 옛날 그가 고향 경북 영양에서 내게 했던 말들이 자꾸 떠오른다. 그때 그가 무심한 듯 내뱉던 '서울' '고향' '어머니' '반항' '이별' '일월산' 등의 어휘들이 새삼 살아나서 나로 하여금 부재의식 속에 숨은 당위성은 무엇일까를 생각하게 한다.

    쪽색 비단에 염소를 그려놓고,
    사슴뿔에 하얀 구름 그려놓고,
    운무 위에 원숭이를 그리다가,
    멈추었다.

    붉은 꽃들이
    구멍 속으로,
    달빛 속으로,
    치마 속으로,

들어가는 것을

오죽(烏竹)은 지켜보고 있었다.

하늘은 얼어붙고,

구름은 비늘 같고,

호기심 그득한

눈동자만이 물잔 속

촛불같이 찰랑대고 있었다.

—「그린다는 것은」 전문

  인간이 바라는 세상에는 있어야 할 것은 반드시 있어야 한다는 당위적 논리성에 근거하는 세상 바라기이다. 당위적 논리가 깨어지거나 굴절이 될 때 인간은 결핍감으로 인해 무력해지거나 상처를 받는다. 낯선 서울 하늘 밑을 서성거리며 화자가 그리고 싶었던 세상은 "쪽색 비단에 염소 그"리기이거나 "사슴뿔에 하얀 구름 그"리기였을 것이다. 그러나 "운무 위에 원숭이를 그리다가,/멈추었다."면 이것은 단절이다. 이 단절과 결핍이 때로는 예술이 되고 시가 되는 배경이 되기도 한다. 화자 또한 그렇다. 우리가 시를 읽으며 미적 충동을 함께 느끼는 것은 결핍과 무력감이 배경이 되어서 우리들의 내면에 도사리고 있는 단절감과 상처들을 시가 승화시켜주기 때문이다.

2. 사람이 사람에게

 인간에서 사람으로, 혹은 사람에서 사람으로…… "너는 손가락 쥐고 태어나 손가락 펴고 죽듯이, 까무룩 잦아드는 놀을 바라보는, 네 얼굴은 발가벗은 목어 같았다. 네 발 밑에 땅이 움직이고 있었다." "소리로 태어나 소리로 살다 소리 없이 죽는"(「사바세계」) 물성(物性)의 세계에서 바라본 화자의 세상은 무엇일까.

> 밧줄
> 같은 그림자가 목을 휘감고
> 찔끔거리는 오줌 줄기 속
> 성욕은 단단한 콘크리트에 매몰되어
> 성숙한 척해도 벗겨보면 어린애 같은데
> 박테리아에서 짚신벌레로
> 짚신벌레가 개구리로
> 개구리가 뱀이 되어
> 내게 알지 못하는
> 수화만 보내고 있는데
> 단절의 두려움에 떨던 녹음기처럼
> 어제 저 너머에서 죽은 내가
> 내일은 여기에 살아있을 것

같은

               ―「가능성」 전문

 색(色)으로 표상되는 욕망의 응결들이 거미줄처럼 서로 뒤엉켜 있는 세상이 바로 사바세상이다. 종교적 관점에서 '세상은 왜 고통으로 가득한가'라는 문제는 생사에 집착하여 한 방울의 물과 바닷물이 부분과 전체라는 관련성을 모르고, 또 한 방울의 샘물도 바닷물의 전체와 결코 분리되어 존립할 수 없기 때문에 너도 나도 자기애적 욕망으로 출렁거리고 있는 것을 모르기 때문에 고통스럽다는 것이다. 화자에게 세상은 "밧줄/같은 그림자가 목을 휘감고" 있는 곳이고, "찔끔거리는 오줌 줄기 속/성욕은 단단한 콘크리트에 매몰되어/성숙한 척 해도 벗겨보면 어린애" 같은 곳이다. 그러나 화자에게 오늘은 "단절의 두려움에 떨던 녹음기처럼/어제 저 너머에서 죽은 내가/내일은 여기에 살아있을 것/같은" 세상이 되었다. 왜 그런가? 인간은 근본적으로 욕망을 향해 열려 있는 존재다. 그러므로 색(色)에 집착하여 본성의 부름에 귀의하는 것을 포기하고 존재를 존재자처럼 실체화하는 사유만 지속함으로서 고통의 삶을 반복한다. 중요한 것은 이와 같은 사실을 그가 알았다는 것이고, 색(色)의 무상성을 기저로 노래하고 있다는 것이다. 그는 최근 천주교에 귀의하여 새롭게 변한 자신의 내·외면적 모습의 변화에 대해 그 자신도 놀라고 있다고 말한 적이 있다. 그것은 '죽음의 현시'다. 화자가 "어제 저 너머에서 죽은 내가/내일은 여기에 살아있을 것/같은" 세상을 다시 산다는 것이다. 그가 삶을 새롭게 시작할 수 있었던 힘도 결핍과 단절과 상처로 뒤척거리던 시간을 종교에의 귀의와 시적 세계의 승화라는 전환이 있었기 때문에 가능했던 일이리라.

걸어가는 당나귀가 이른 봄 흙을 뚫고 마중 나온 처녀치마꽃을 지나자, 현란한 몸 색깔로 치장한 채 구술 꿰듯 이어진 더듬이, 외계인 같은 겹눈, 옴폭옴폭 파인 점으로 멋을 부린 딱지날개를 가진 벌레를 만났다. 그 길을 왜 가느냐고, 벌레가 물었다. 이 길을 택한 것은 사람의 발자국이 없기 때문이라고 했다. 그리곤 계속해서 살을 붙여 나갔다. 사람이 적게 간 길을 택한 것은, 사람이 싫어서가 아니라 그 길 때문에 모든 것이 달라졌다고, 뜀박질하면 나 자신만 보이고, 걷다가 서면 벌레 소리 들리고, 죽은 개구리 곁에 앉으면 작은 우주가 보이고, 당나귀 눈엔 뭐만 보인다고, 숲속엔 잎만 먹는 녀석, 즙만 빨아 먹는 녀석, 썩은 나무만 먹는 녀석, 꽃가루만 핥아 먹는 녀석, 입맛에 맞게 부위 바꿔가며 먹는 녀석, 당나귀가 한마디 던진다, "저렇게 먹는다는 것은 오늘을 볼 줄 아는 것들이고, 내일에 대한 예의라는 것을"

―「당나귀가 바라보는 세상」 전문

  하이데거가 후기 사유에서 생각한 인간의 의미는 인간이 존재의 기억을 보존하고 있는 한에서, 존재의 본질로서의 '그것'의 부름에 귀의하는 순간 인간이 된다는 것이다. 하이데거나 불교에서 바라보는 존재는 신도 아니고 '세계의 근거'도 아니라는 것이다. 그렇다면 존재란 무엇인가? 색(色)으로부터 체득되거나 인지된 세계의 무상성을 깨닫는 앎이 바로 존재라고 하고 그것을 깨닫는 것이 가치라면 위의 인용 시가 내포하는 의미가 그러하다. "걸어가는 당나귀가 이른 봄 흙을 뚫고 마중 나온 처녀치마꽃을 지나자, 현란한 몸 색깔로 치장한 채 구슬 꿰듯 이어진 더듬이, 외계인 같은 겹눈, 옴폭옴폭 파인 점으로 멋을 부린 딱지날개를 가진 벌레를 만났다." 과히 색(色)의 향연이다. 이것이 사바세계고 우리가 유/무라고 하는 물성적 인식으로 펼쳐진 세계다. '있다/없다'라고 말해지는 것, '아름답고/추하다'라고 생각되는 것, '좋다/나쁘다'로 분별 지우는 것 등이 모두 이 색(色)에 있다. 화자는 당나귀에게 묻는다. "그 길을 왜 가느냐고," 당나귀가 대답한다. "이 길을 택한 것은 사람의 발자국이 없기 때문이라고" 색의 무상함을 아는 것이 존재의 앎을 체득하는 것이라고 한다면 지금 당나귀가 색의 길을 가는 것이 어찌하여 무상의 길을 앎이라고 하는 것으로 관통하고 있는지 묻고 싶어진다. 나라고 하는 것은 너라고 하는 배경이 있을 때 나라고 하는 것이 성립된다. 바로 이러한 사실에 근거하여 유에서 무를 알게 된다는 것이고, 인용 시에서 화자가 색의 향연을 먼저 제시한 의도도 색의 허무함을 강조하기 위함이리라. 그는 다시 말한다. "그리곤 계속해서 살을 붙여 나갔다. 사람이 적게 간 길을 택한 것은, 사람이 싫어서가 아니라 그 길 때문에 모든 것이 달라졌다고," 화자는 색(色)의 덧없음을 경험을 통해서 노래하고 있는 것이다. 이와 같은 방식으로 존재의 구현이라는 문제가 다소 뒤틀려 있긴 하지만 그만의 방식으로 체화하고 있는 자성(自性)의 목소리를 다음 시에서 들여다보자.

> 당신에게 가기 위해선 당신 문으로 들어가야 합니다.
> 하지만 당신은 알지 못합니다.
> 내가 죽어야 문이 열린다는 것을
> 땅에서 바람으로 하늘에서 구름으로 만들어져 온 것
> 그 속에 당신의 무늬가 있다는 것을 압니다.
> 당신에게서 연분홍 감정이 피어 나오는 것은
> 깊은 향기를 내는 제 뿌리입니다.
> 땅의 울림에서 깊숙이 박혀 있는 뿌리, 그것은 씨앗의
> 뿌리
> 입니다.
> 당신의 목소리는 깨달음의 울림이고, 그 울림은 맑습니

다.
그 맑음은 향기입니다.
차를 서너 사람이 마시면 그저 맛을 보는 정도이고,
둘이 마시면 잘 마시는 것이라 했습니다.
마음이란 이렇듯 마주 보고, 앉으면 따뜻해지고,
넉넉해지고, 미소가 번집니다.
줄기에 달린 등을 뿌리가 보듬어 안고 있는 한
당신 같은 멋진 문장은 태어나지 못할 것입니다.
―「금낭화」 전문

  인용 시에서 화자가 만난 것은 아마 창조주, 하나님일 것이다. 존재의 성기와 현현이라는 문제와는 다소 차이가 있지만 아무려면 어떤가. 느끼고 알았다는 것이 중요하지 않겠는가. "당신에게 가기 위해선 당신 문으로 들어가야 합니다."라고 할 때 문은 신의 세계, 당신은 실체적 대상으로서의 당신(인간)이 아닌 창조주 하느님이 된다. 화자의 이러한 인식은 시의 양가적 의미 즉, 비유와 대상을 통해서만 말할 수 있기 때문이다. 그리하여 그는 다시 "내가 죽어야 문이 열린다는 것"과 "땅에서 바람으로 하늘에서 구름으로 만들어져 온 것/그 속에 당신의 무늬가 있다는 것을" 알게 된다. 그가 말하는 죽음은 우리가 아는 물성의 죽음, 생물학적 죽음을 말하고 있는 것이 아니다. 화자가 말하는 죽음은 죽음의 현시를 전제로 한

이곳에서 저곳으로의 이행이라는 과정으로서의 죽음을 의미한다. 죽지 않고(色界)는 도무지 존재를 현현할 수 없기 때문이다. 그리하여 나[我]라는 존재는 "땅에서 바람으로 하늘에서 구름으로 만들어져 온 것"이고 "그 속에 당신의 무늬가 있다는 것을" 알게 되는 것이다. 이것은 어쩌면 종교에서 말하는 환희심의 발현이고 '앎'이라는 세계의 도래와 신의 가피에 의한 과정의 이행에 대한 벅참의 노래이기도 하다. "당신에게서 연분홍 감정이 피어 나오는 것은/깊은 향기를 내는 제 뿌리입니다."라고 하는 것도 신과 나라고 하는 것이 이원화된 개체적 존재가 아니라 동일체라는 의식이고 "땅의 울림에서 깊숙이 박혀 있는 뿌리, 그것은 씨앗의 뿌리입니다."라고 말할 수 있는 근거 또한 나의 실체적 존립의 근거와 존재는 당신이라고 부르는 신에 의해서만 창조되어지는 것이기 때문에 가능해진다. 거듭남이라고 하는 것으로서만 들을 수 있다는 인식이다. "당신의 목소리는 깨달음의 울림이고, 그 울림은 맑습니다./그 맑음은 향기입니다."라고 하는 것도 같은 차원의 인식으로 봐도 무방하리라.

그러나 신을 향한 향일적 의지로 가닿는 세계는 그리 녹녹치 않아서 쉬 도래하지 않는다. 앞에서도 말했지만 물성에 의지한 가변적 의식을 멸할 때라야 비로소 그 길은 열리고 내가 가닿을 수 있는 길이다. 이것에 대해 시인은 마치 안개 속을 헤매고 돌아다닌 것 같다고 고백한다. 그것은 물성에 기댄 나의 의식이 여전히 아상(我相)과 인상(人相)과 수자상(壽者相)과 같은 사상(四相)에 갇혀 있기 때문이다. 화자는 그 과정을 '안개 속'이라고 말하고 있다.

> 입을 최대한 벌렸다
> 안개의 기운을 몸속으로 끌어넣었다
> 안개는 말없이 흘러 들어왔다
> 잇닿아 흐르면서 지난 시간과 헤어지면서 다가왔다
> 새로운 시간을 맞아들이는 연습이었다
> 질곡에 닿아 있어도 새로움이 날개 치는
> 땅의 깊이는 들여다보지 못했다
> 사람이 사람에게로 가듯
> 안개도 지나가는 것과 다가오는 것이 다르지 않았다
> 그 길은 앞으로만 나 있어서 지나온 것을 쉽게 잊겠지만
> 안개는 늘 그 길을 더듬어 갔었고
> 가는 동안 그 길은 자신의 것이었다
> 그 길을 지나고 나면
> 가물거려 지나온 길을 잊어 버렸다
> ―「그 길은 안개였다」 전문

사람이 살아가는 과정이 그렇듯이 성장과 이행의 전 과정은 '안개 속'과 같다. 앞이 보이지 않는 깜깜한 세상이 불안해

서 "입을 최대한 벌"리고 "안개의 기운을 몸속으로 끌어넣"기도 하면서 나아가는 길이다. 인간의 믿음에 대한 의지란 "잇닿아 흐르면서 지난 시간과 헤어"질 때 확고해지는 것이며 비로소 몸相을 넘어 "안개는 말없이 흘러 들어"오게 되는 것이다. 이 모든 고통과 번민은 "새로운 시간을 맞아들이는" 통과의례의 한 과정이다. 그러나 그 같은 일이 화자에게 쉬 이루어지는 일이었겠는가. 안개 속을 헤맬 때는 "새로움이 날개 치는/땅의 깊이는 들여다보지 못"하는 시간이었을 것이고 "사람이 사람에게로 가듯" 미지의 세계를 조심스럽고 불안하게 가는 시간이었을 것이다. 그렇게 포기하지 않고 이행을 반복함으로써 마침내 "안개도 지나가는 것과 다가오는 것이 다르지 않았"고 안개의 길을 지났다는 사실을 깨닫게 된다. 지금까지 걸어온 길은 "가물거려 지나온 길을 잊어 버리는" 또 다른 길이 되는 것이다.

3. 사람에서 다시 사람으로

누구나 욕망의 시기를 지나고 나면 욕망에 휩싸였을 때는 보지 못하던 것들이 하나 둘 눈에 차오르기 마련이다. 눈에 보이지 않던 그 순간을 우리는 미망이라고도 하고 아집에 착한다고도 한다. 그 미망과 착함이 우리를 병들게 하고 고통스럽게 한다는 사실을 알게 된다면 그나마 다행스런 일이지만 불행하게도 우리는 죽을 때까지 그것을 알지 못하는 경우가 대부분이다. 예술의 본질은 진리가 작품 속으로 스며듦이다. 그림이나 조각, 건축이 색의 설계 및 설치를 통해 존재를 현시하듯이, 시도 존재자의 나타남을 통해 우리에게 존재를 계시한다. 말(언어)을 통해 시를 짓는다는 것은 자기의 마음에 일상적인 모든 소유 대상을 지우려는 무(無)의 이해와 그것의 앎을 통하지 않고는 불완전하다. 이것이 시(말)가 가지는 신비다. 위에서 인용한「그 길은 안개였다」가 내포한 의미가 그렇다. 그렇게 발견한 앎을 통해 시인은 비로소 욕망으로 들끓던 과거의 기억을 밀어내고 지금 현재의 공간, 이웃, 자신을 둘러싸고 있는 모든 대상들에게 시선을 옮겨놓을 수 있었던 것이다.

> 후평 할매가 콩을 줍고 있다
> 서리 앉은 밭고랑에
> 갈고리 같은 허리를 하고 앉아
> 얼굴처럼 말라비틀어진 콩을
> 한 알 한 알 주워 담고 있다
>
> 한 알은 다단계에 빠져 침을 튀기던 첫째 년을 위해
> 한 알은 퇴직금으로 주식 하다 망해 길바닥에 나앉게 생

긴 둘째 놈을 위해
  한 알은 고향을 떠나지 못하고 홀아비로 환갑을 맞은 큰 놈을 위해

  시간을 지키듯이
  시간을 보듬듯이
  시간을 삭이듯이
  시간을 죽이듯이

  할매는 시간놀이 하듯 콩을 줍고 있다
  ―「시간놀이」 전문

 "후평 할매가 콩을 줍고 있"는 것은 시간을 줍고 있는 것이고 그 시간은 무(無)의 세계를 관통해 가는 시간이다. 후평 할매는 콩을 줍는 행위를 통해 모든 소유욕과 애착의 마음을 걷어내려 하고, 화자는 마치 사진을 인화해 내듯이 객관적인 시선으로 그 이미지들을 포착한다. 후평 할매가 무심에 기대어 있듯이 화자 또한 무심의 세계를 이해하지 않고는 상호 의존적이고 동시적인 표현은 불가능하다. "서리 앉은 밭고랑에/갈고리 같은 허리를 하고 앉아/얼굴처럼 말라비틀어진 콩을/한 알 한 알 주워 담고 있다" 하나의 피사체를 망막을 통해 인화하듯이 후평 할매의 모습과 화자의 마음은 동일선상에 놓인

다. 후평 할매는 슬픔과 회억들을 콩을 줍는 반복적 행동을 통해 극복하려 하고, 화자 또한 후평 할매의 쓸쓸한 모습 속으로 같은 감정으로 동화되어 들어간다. 후평 할매가 콩을 줍고 있는 모습을 화자가 '지키다' '보듬다' '삭이다' '죽이다'라는 의지적 표현의 말을 반복함으로써 후평 할매의 삶이 결코 녹녹하지 않았다는 것을 강조하고 있다. 후평 할매뿐이겠는가. 세상 많은 사람들이 마지막 순간까지도 애착을 내려놓지 못하고 또 다른 세상으로 건너간다.

> 몰래 눈물을 삼켰다
> 어머니는 아직도 몸속에 결을 품고 있었다
> 거미가 체중이 지치도록 거미줄을 풀어내듯
> 그 결을, 가슴에서 뽑아내고 싶었다
> 병실 틈으로 산란하게 기어드는 한 줄기 빛처럼
> 어둠의 복도를 따라 빛은 가늘게 뻗어나갔다
> 결 뭉치는 단단하게 뭉쳐졌다 풀어지면서 가볍고 부드러워지고 있었다
> 그 결을 만지면서 허물어진 손등의 무수한 점들이 눈물로 희미하게 보였다
> 꼿꼿하게 누워 있는 어머니의 허리는 병원 옆 철길을 달리는 침목 같았다
> 오늘을 넘기기 힘들겠다는 간호사의 말이 끝나기 전

어머니의 눈시울이 뜨거워지면서

귓불로 어눌한 목소리가 전율로 흘러들었다

도마뱀이 몸속으로 기어 들어오듯 등골 서늘한 목소리

건너편 침대에 아배 눈을 닮은 곰 인형이

누군가를 하염없이 부르고 있는 것 같았다

결이 녹아내리듯 이승에서 마지막 내뱉은 그 울림은

허공을 하염없이 맴돌고 있었다

―「고백」 전문

  삶은 죽음과 연결된 대지의 한 현상이며, 죽음의 대지는 삶이 돌아가야 하는 고향이다. 그래서 세상은 나타남이고, 대지는 감춤이다. 그러나 감춤의 본질이 드러남의 현상을 가능하게 하는 근원이므로 세상에 공성(空性)을 드러내는 것도 대지가 자신을 나타냄과 드러냄이라는 색상의 연기(緣起)를 떠나서는 있을 수 없다. 이런 이중적인 관계의 묶음을 법장은 "색(色)은 공(空)을 바탕으로 해서 이루어지는데 이것은 마치 움직이는 파도가 물을 거두어들이는 것과 같다."고 했다. 마음은 대지와 세상이 나타나기도 하고 숨기도 하는 무애(無碍)한 사이이고, 그것들이 투쟁하는 중간이며 가장 친밀하게 귀속하는 장소이다. 색상의 연기(緣起)를 벗어버리고 다시 대지로 귀속하려는 어머니의 임종을 앞에 두고 시인이 쥐어서 손에 든 것은 결국 이와 같은 공성(空性)의 이치일 것이다. 그럼에도 불구하고 그는 "아직도 몸속에 결을 품고 있는" 어머니를 보면서 몰래 눈물을 삼킨다. "거미가 체중이 지치도록 거미줄을 풀어내듯/그 결을, 가슴에서 뽑아내고" 있는 어머니를 안타까운 마음으로 본다. "병실 틈으로 산란하게 기어드는 한 줄기 빛처럼/어둠의 복도를 따라 빛은 가늘게 뻗어나"가는 현상은 마치 "결 뭉치"로 "단단하게 뭉쳐졌다 풀어지"는 실타래와 같다. 대지(감춤)의 세계로 돌아가는 어머니의 손등을 만지면서 손등의 점을 어머니의 흔적으로 화자는 인식한다. "도마뱀이 몸속으로 기어 들어오듯 등골 서늘한 목소리/건너편 침대에 아배 눈을 닮은 곰 인형이/누군가를 하염없이 부르고 있는 것 같"은 착각은 대지의 부름에 어머니가 귀속되어 본래의 자리로 돌아갈 수밖에 없다는 사실을 재확인하는 인증의 한 방법이다. 어머니의 죽음(감추어짐)을 통해 화자는 세상과 대지의 색(色)과 공(空)의 게시로서의 이치를 알게 된다. 이제 시인은 세상에 존재함으로서의 이중적인 것들인 '신들/인간들', '나타남/숨음', '세상/대지' 등의 양가성이 둘이 아니라 하나로서 그려지고 있음을 깨닫게 된다. 우리는 '신들, 나타남, 세상' 등을 공(空)이라 부르고, '인간들, 숨음, 대지' 등을 색(色)이나 물(物)이라고 부른다. 그리고 색(色)이었던 마음은 물화되고 몸은 자연으로 되돌아가서 흩어진다고 믿는다. 죽음(숨음)이 무(無)에 비유되지만 또한 색상이므로 (대지)가 우리 모두의 마음에 있다. 시인이 어머니를 추모하고 반복해서 기억하는 이유도 대지(色)가 그의 마음에 있기 때문이다.

> 푸른 잎이 청포 입은 듯
> 촉촉한 달무리 사이로 얼굴을 묻으면
> 무성한 줄기로 주위의 시선을 한 몸에 받는다
> 햇살이 따가워지면 언제 사라졌는지
> 잎은 땅으로 내려앉는다
> 잎이 지고 난 뒤 분홍 꽃대는 눈이 부시도록 꽃술을
> 꼿꼿이 들고 알몸을 드러낸다
> 땅으로 내려앉은 잎으로 덮어주지 않았다면
> 아무도 얼굴은 보지 못했을 것이다
>
> 아내가 지나가는 말로 한마디 던진다
> "꽃은 보면서 지는 잎이 거름 되어줬다는 걸 왜 못 볼까?"
> 아, 그 잎
> 하얗게 말라 꽃씨를 온몸으로 보듬어주던
> 그
> 따스함
>
> ―「상사화」 전문

이위발 시인의 이번 시집을 관통하고 있는 시적 의미는 유/무와 공/색의 화두를 '앎'이라는 과정을 통해 인식하고 응결

시켰다는 것에 있다. 이러한 결과는 시인이 이 세상(사바세계)에서 감내하고 견디면서 체득한 물상적 세계가 언제든지 사라질 수 있는 색(色)에 바탕하고 있는 허무라는 것을 알았기 때문에 빚어낸 결과물이다. 이 허무는 다시 몸이라고 하는 체(體)를 알지 못하고는 대지와 나(自性)라는 지평으로 확장되지 못하는 어려운 문제이다. 그럼에도 불구하고 그의 시가 바로 이 지점에서 출발하고 있음은 의미하는 바가 크다. 역설적이게도 시간이라는 과정을 통해서 시인은 몸을 알고 몸을 통해서 다시 몸(色)을 얻는 계기가 된다. 몸이 곧 '존재의 집이고 근원이다'라는 사실을 '앎'과 동시에 그의 시선은 항상 이쪽/저쪽의 경계 위에서 서성거렸고, 안/밖이라는 문제에 놓여 있었다. 그의 곁에는 항상 (문)이 있었고 또한 그의 곁에는 나(나타남)와 대지(감춤)가 있었다. 나를 통해서 너를 발견한다는 사실이 아니라 너를 통해서 나를 알게 되는 인식의 전환과 나타남과 감추어짐의 모든 현상을 통해 결국 시인이 알게 된 것은 대상으로서의 사람이 아니라 존재로서의 사람이 되는 것이다. 그리하여 그는 비로소 사람을 알고, 사람 속으로 스미게 되고, 다시 사람이 되는 복잡한 사고의 전환을 갖게 되었다.

그가 이번 시집의 표제를 『어젯밤 내가 읽은 문장은 사람이었다』로 정한 이유도 여기에 있지 않겠는가 생각한다. 우리가 사는 이 세상은 변화무상하다. 이 변화무상 속에서 나타나는 대상과의 끝없는 만남은 나를 일으켜 세우기도 하고 사멸시키기도 한다. 그것들은 나의 마음에 의해 색(色)도 되고 공(空)이 되기도 한다. 이위발 시인은 젊음의 대부분 시간을 서울에서 보냈다. 그곳은 부재의 공간이다. 본인도 고백하거니와 그 시간 동안 서울이라는 공간은 그를 진정시키지 못했다. 풍찬노숙이라고 해도 부족함이 없을 정도로 동가식서가숙하며 몸과 마음을 의지할 곳을 찾아서 헤매고 괴로워하던 세월이었다. 그러던 그가 안동으로 이주한 지 벌써 이십여 년에 가깝다. 그동안 그에게는 많은 일이 있었을 것이고 변화가 있었을 것이다. 그 많은 일과 변화를 통해 그 자신인 나[自性]를 알게 되고 존재의 드러냄을 알게 되고 사람을 알게 되었을 것이다. "지난밤 내가 읽은 문장은 사람이었다"라는 문장에는 공(空)과 색(色)이 함께 있다는 '앎'이 내포되어 있기 때문이다. 그런 의미에서 이번 시집을 하나의 시선으로 바라본 세계내적 리(理)/사(事)의 이치와 통섭(統攝)에 대한 이해의 습입(濕入) 정도로 이름을 붙여도 좋을 것 같다.

시인동네 시인선 149

지난밤 내가 읽은 문장은 사람이었다
ⓒ 이위발

초판 1쇄 인쇄 2021년 3월 29일
초판 1쇄 발행 2021년 4월 8일
지은이 이위발
펴낸이 김석봉
디자인 헤이존
펴낸곳 문학의전당
출판등록 제448-251002012000043호
주소 충북 단양군 적성면 도곡파랑로 178
전화 043-421-1977
전자우편 sbpoem@naver.com

ISBN 979-11-5896-508-2 03810

*이 책의 판권은 지은이와 문학의전당에 있습니다.
*양측의 서면 동의 없는 무단 전재 및 복제를 금합니다.
*잘못 만들어진 책은 바꿔드립니다.